Table des matières

Introduction à la Géopolitique : Compréhension d'un Théâtre Global

La géopolitique, telle une toile complexe tissée par les fils des intérêts nationaux, des rivalités régionales et des dynamiques mondiales, demeure un domaine d'étude fondamental pour appréhender les interactions entre les nations et les acteurs non étatiques dans un monde en constante évolution. À travers l'objectif de cette discipline, se dessine la cartographie de pouvoirs, d'intérêts et de stratégies qui façonnent les relations internationales depuis des décennies.

Fruit d'une convergence entre la géographie politique, l'histoire, l'économie et la stratégie, la géopolitique transcende les frontières académiques pour offrir une perspective holistique des forces qui façonnent notre monde. Elle explore les mécanismes de l'influence, du contrôle territorial, des alliances et des conflits qui définissent les contours de la scène internationale.

Au cœur de cette discipline se trouve la reconnaissance de l'impact de la géographie sur les politiques et les interactions internationales. Les ressources naturelles, les voies maritimes, les frontières et les caractéristiques géographiques déterminent souvent les dynamiques de pouvoir et les enjeux stratégiques entre les nations. La géopolitique appréhende ainsi les interactions complexes entre l'espace, le pouvoir et la politique.

Depuis l'issue tumultueuse de la Seconde Guerre mondiale, un paysage géopolitique fragmenté a émergé. L'équilibre précaire entre les superpuissances qui ont dominé la scène internationale durant la Guerre froide a cédé la place à un monde multipolaire, caractérisé par une concurrence féroce entre divers centres de pouvoir. Les États-Unis, la Chine, l'Union européenne, la Russie et d'autres acteurs régionaux ont façonné cette mosaïque complexe où la diplomatie, l'économie et la sécurité s'entremêlent pour influencer les décisions à l'échelle mondiale.

Pourtant, la géopolitique contemporaine ne se limite pas aux interactions entre États. Les avancées technologiques ont redéfini les frontières du pouvoir, offrant de nouveaux domaines de rivalité, tels que le cyberespace et l'intelligence artificielle, où l'influence et la suprématie sont désormais disputées.

Ce livre vise à explorer en profondeur ces intrications complexes. Il scrutera les évolutions historiques et les changements contemporains qui ont modelé le théâtre mondial actuel. En examinant les enjeux, les défis et les opportunités, il s'efforcera d'offrir une vision éclairée des tendances géopolitiques à venir.

Par conséquent, l'objectif premier de cette exploration approfondie est de permettre une compréhension accrue des forces qui animent notre monde. Au fil des pages, nous nous aventurerons dans les méandres des politiques nationales, des stratégies régionales et des dynamiques mondiales pour saisir l'essence même des relations internationales contemporaines.

Dans cette quête de connaissance et de compréhension, nous nous engageons à explorer les multiples facettes d'un théâtre global en constante métamorphose, offrant ainsi une vision éclairée et nuancée des enjeux géopolitiques qui sculptent notre avenir commun.

Contexte Post-Seconde Guerre Mondiale : Émergence des Superpuissances et Redéfinition Géopolitique

La fin du conflit mondial en 1945 a marqué un tournant majeur dans l'histoire de la géopolitique, déclenchant une période de profondes transformations politiques, économiques et sociales à l'échelle mondiale. Les conséquences de cette guerre dévastatrice ont jeté les bases d'une nouvelle ère géopolitique, caractérisée par l'émergence de deux superpuissances rivales : les États-Unis et l'Union soviétique.

La Conférence de Yalta en 1945, réunissant les dirigeants des États-Unis, de l'Union soviétique et du Royaume-Uni, a marqué le début d'une tentative de redessiner l'équilibre mondial. Les décisions prises lors de cette conférence, notamment la division de l'Europe en sphères d'influence et la création de l'Organisation des Nations unies (ONU), ont posé les fondations d'une nouvelle structure géopolitique.

La mise en place de l'ordre mondial d'après-guerre a été fortement influencée par l'effondrement des empires coloniaux européens. Les mouvements nationalistes dans les colonies ont conduit à des processus d'indépendance qui ont remodelé la carte politique du monde, engendrant la naissance de nouveaux États et de nouvelles alliances régionales.

Sur le plan économique, la reconstruction des nations dévastées par la guerre a été un enjeu majeur. Le Plan Marshall, initiative économique des États-Unis visant à soutenir la reconstruction de l'Europe, a joué un rôle crucial dans la stabilisation économique de la région et dans l'expansion de l'influence américaine.

Cependant, le monde post-Seconde Guerre mondiale a rapidement été témoin d'une tension croissante entre les deux principales puissances, les États-Unis et l'Union soviétique. L'idéologie divergente du capitalisme américain et du communisme soviétique a conduit à une rivalité idéologique et à une course aux armements, jetant les bases de la Guerre froide.

La division de l'Allemagne et de Berlin en deux parties distinctes, l'émergence du Rideau de fer séparant l'Est et l'Ouest européen, ainsi que les crises majeures telles que la crise de Cuba en 1962 ont alimenté les tensions et façonné les relations internationales pendant des décennies.

Les conséquences géopolitiques de cette période ont été omniprésentes. De la formation de blocs politiques et militaires, tels que l'OTAN (Organisation du Traité de l'Atlantique Nord) et le Pacte de Varsovie, à la course à l'espace symbolisée par la conquête spatiale, chaque aspect de la géopolitique a été teinté par cette rivalité bipolaire.

En somme, le contexte post-Seconde Guerre mondiale a marqué une ère de redéfinition géopolitique majeure. Les effets de cette période sont encore visibles aujourd'hui, influençant les relations internationales, la géostratégie et les alliances dans un monde où les vestiges de cette époque continuent d'exercer leur empreinte sur le paysage géopolitique actuel.

La Guerre Froide : Structure et Répercussions sur la Géopolitique Mondiale

La Guerre froide, période de tensions intenses entre les États-Unis et l'Union soviétique, a été l'épicentre d'une ère géopolitique marquée par la rivalité idéologique, politique et militaire entre deux superpuissances. S'étendant approximativement de la fin des années 1940 à la chute du rideau de fer dans les années 1990, cette période a profondément influencé la structure et les relations internationales.

À la base de cette confrontation se trouvait l'affrontement de deux idéologies antagonistes : le capitalisme et le communisme. La doctrine Truman des États-Unis, prônant la résistance aux expansions communistes, et la politique d'endiguement (containment) ont jeté les bases d'une confrontation systémique. De l'autre côté, l'URSS, sous la direction de Staline, a cherché à étendre son influence et son modèle communiste à travers le monde, engendrant une tension idéologique majeure.

La structure de la Guerre froide a été caractérisée par des alliances rigides. L'émergence de deux blocs opposés, l'OTAN sous direction américaine et le Pacte de Varsovie sous influence soviétique, a cristallisé cette division du monde. Les pays neutres ou non-alignés ont souvent été le théâtre de luttes d'influence, de manœuvres diplomatiques et parfois de conflits indirects entre les deux superpuissances.

L'Europe a été le principal théâtre de cette confrontation. Le rideau de fer, terme popularisé par Winston Churchill, a divisé le continent en deux parties distinctes. L'Est, sous domination soviétique, a été marqué par le contrôle autoritaire et le Pacte de Varsovie, tandis que l'Ouest, sous l'influence américaine, a prospéré dans une démocratie capitaliste et a vu naître l'OTAN.

Les conséquences de cette période ont été profondes et généralisées. La course aux armements nucléaires a créé une atmosphère de peur et d'incertitude, symbolisée par la crise des missiles à Cuba en 1962, où le monde a frôlé l'apocalypse nucléaire. Les conflits proxy, comme la guerre du Vietnam et les interventions en Amérique latine, en Afrique et en Asie, ont exacerbé les tensions mondiales.

Cependant, la Guerre froide n'a pas été exclusivement un terrain de conflits. Des moments de détente ont également émergé, avec des tentatives de désescalade des tensions, comme les accords SALT (Strategic Arms Limitation Treaty), les négociations de désarmement et les sommets diplomatiques.

Cette ère a pris fin avec l'effondrement de l'Union soviétique dans les années 1990, marquant la victoire apparente du modèle capitaliste démocratique et la fin de la bipolarité mondiale. Cet événement a ouvert la voie à de nouveaux défis géopolitiques et à un ordre mondial redéfini, marquant la transition vers une ère post-Guerre froide.

En résumé, la Guerre froide a été une période de confrontation intense qui a profondément remodelé la géopolitique mondiale. Ses effets continuent de résonner dans les relations internationales contemporaines, soulignant l'importance de comprendre cette période charnière pour appréhender les enjeux actuels de la scène mondiale.

Transition et Réalignements Géopolitiques : Après la Guerre Froide

La chute du rideau de fer et l'effondrement de l'Union soviétique ont marqué la fin de la Guerre froide, ouvrant une ère de bouleversements géopolitiques majeurs et de redéfinition des équilibres mondiaux. Cette transition a été caractérisée par des changements radicaux dans la structure du pouvoir, les alliances régionales et les dynamiques internationales.

La disparition de la bipolarité a ouvert la voie à un monde multipolaire. Les États-Unis, en tant que seule superpuissance restante, ont dominé la scène internationale. Leur position prépondérante dans les affaires mondiales a été soulignée par leur rôle dans des interventions militaires, leur influence économique et leur statut de leader dans des organisations internationales telles que l'ONU.

Parallèlement, de nouveaux acteurs ont émergé en tant que puissances régionales influentes. La Chine, notamment, a connu une croissance économique spectaculaire, devenant un pilier économique mondial et un acteur clé dans la dynamique géopolitique asiatique. Cette ascension a été accompagnée d'une volonté croissante de Pékin d'affirmer sa présence sur la scène mondiale, suscitant des ajustements dans les relations de pouvoir.

L'Union européenne a également consolidé sa position en tant qu'acteur géopolitique important, non seulement sur le plan économique mais aussi dans les questions de sécurité et de diplomatie. Les développements institutionnels au sein de l'UE, tels que l'expansion de l'Union et la création de la monnaie unique, ont renforcé sa stature internationale.

La fin de la Guerre froide a également ouvert de nouvelles perspectives pour les pays en transition. De nombreuses nations ont cherché à se réorienter politiquement et économiquement, adoptant des politiques d'ouverture et d'intégration dans l'économie mondiale. Cependant, cette transition n'a pas été sans défis, certains pays se retrouvant confrontés à des instabilités politiques, économiques et sociales.

Sur le plan des alliances, de nouveaux réalignements se sont produits. La dissolution du Pacte de Varsovie et la transformation de l'OTAN ont changé les dynamiques militaires en Europe et au-delà. De nouvelles alliances régionales ont vu le jour, reflétant la nécessité pour les pays de s'adapter à ce nouvel ordre mondial en mutation constante.

Cependant, cette multipolarité a également engendré des tensions, à mesure que de nouveaux centres de pouvoir émergeaient. Les rivalités géopolitiques, les conflits régionaux et les luttes d'influence ont marqué cette transition, témoignant des défis inhérents à l'adaptation à un monde où les centres de pouvoir sont multiples.

En somme, la transition post-Guerre froide a été une période de transformation et de réalignements géopolitiques majeurs. L'émergence de nouvelles puissances, les ajustements dans les alliances et les défis posés par la multipolarité ont redéfini les équilibres mondiaux et continuent de façonner la géopolitique contemporaine.

Acteurs et Dynamiques Actuelles en Géopolitique : Tendances Contemporaines

Le paysage géopolitique actuel est le reflet d'une dynamique complexe, caractérisée par une pluralité d'acteurs et de facteurs qui façonnent les relations internationales. Des changements significatifs ont redéfini la nature des pouvoirs mondiaux et ont introduit de nouveaux défis et opportunités dans la scène géopolitique contemporaine.

Les Grandes Puissances :

Les États-Unis, malgré les défis internes et externes, demeurent une superpuissance dominante sur le plan militaire, économique et diplomatique. Cependant, la montée en puissance de la Chine en tant que puissance économique mondiale remet en question l'hégémonie américaine. La rivalité sino-américaine s'intensifie, reflétant la quête de domination régionale et mondiale.

La Montée en Puissance de la Chine :

La croissance économique rapide de la Chine a propulsé le pays au rang de puissance mondiale incontournable. L'initiative Belt and Road (la Route de la Soie) et d'autres projets d'investissement international ont renforcé l'influence chinoise dans de nombreuses régions, suscitant à la fois l'admiration et l'inquiétude dans la communauté internationale.

L'Union Européenne et les Nouvelles Alliances :

L'Union européenne continue d'évoluer en tant qu'acteur géopolitique majeur, notamment dans les domaines économique, diplomatique et environnemental. Cependant, les divisions internes et les défis liés à la gouvernance ont parfois entravé sa capacité à agir de manière unifiée sur la scène mondiale.

Les Puissances Régionales :

Les puissances régionales telles que la Russie, l'Inde, le Brésil et d'autres pays émergents jouent un rôle croissant dans la définition des dynamiques géopolitiques. Leurs positions dans leurs régions respectives influent sur les équilibres mondiaux et contribuent à la création de nouvelles alliances et partenariats stratégiques.

Les Acteurs Non-Étatiques :

Les organisations internationales, les groupes terroristes, les entreprises multinationales et les mouvements sociaux sont devenus des acteurs incontournables dans la géopolitique contemporaine. Leur capacité à influencer les politiques nationales et internationales redéfinit les paradigmes traditionnels de la puissance et de l'influence.

Défis et Tendances :

La cybersécurité, les changements climatiques, les migrations, les pandémies et d'autres défis transnationaux ont pris une place centrale dans les dynamiques géopolitiques actuelles. La capacité des nations à coopérer sur ces questions déterminera largement leur capacité à façonner l'avenir mondial.

Les Nouveaux Théâtres de Conflits :

Les conflits asymétriques, les guerres civiles, les tensions territoriales et les rivalités régionales restent des points chauds dans la géopolitique actuelle. Les interventions étrangères et les luttes pour les ressources naturelles alimentent souvent ces conflits, impactant la stabilité mondiale.

En conclusion, la géopolitique contemporaine est le théâtre d'une interaction complexe entre de multiples acteurs, chacun cherchant à façonner le monde selon ses intérêts et ses visions. Comprendre ces dynamiques est essentiel pour appréhender les défis et les opportunités qui façonneront l'avenir de nos sociétés et de notre planète.

Enjeux Contemporains Majeurs en Géopolitique : Défis et Dynamiques Actuelles

La géopolitique contemporaine est façonnée par une multitude d'enjeux majeurs, reflétant les défis complexes auxquels sont confrontées les nations et les acteurs internationaux dans un monde en constante évolution. Ces enjeux, allant des questions de sécurité aux défis économiques et environnementaux, redéfinissent les équilibres de pouvoir et les relations entre les nations.

Sécurité Mondiale et Terrorisme :
La menace terroriste, souvent alimentée par des groupes extrémistes transnationaux, reste l'un des défis les plus préoccupants pour la stabilité mondiale. Les actes de terrorisme, tant individuels que collectifs, perturbent l'ordre international et exigent une coopération mondiale renforcée pour y faire face.

Prolifération Nucléaire et Armes de Destruction Massive :
La prolifération des armes nucléaires et des armes de destruction massive demeure une préoccupation majeure pour la sécurité mondiale. Les tensions entre les puissances nucléaires existantes et les risques liés à la diffusion de telles armes représentent une menace sérieuse pour la paix et la sécurité mondiales.

Cybermenaces et Sécurité dans le Cyberespace :
Le cyberespace est devenu un champ de bataille pour les attaques informatiques, la cyberespionnage et la guerre de l'information. La sécurité dans le cyberespace est devenue un enjeu crucial pour les nations, les entreprises et les individus, nécessitant des stratégies de protection et de régulation.

Changements Climatiques et Environnement :
Les changements climatiques ont un impact profond sur la géopolitique mondiale. Les défis liés aux ressources naturelles, à la montée des eaux, à la dégradation de l'environnement et aux migrations environnementales contribuent à redéfinir les dynamiques géopolitiques, créant des tensions sur les ressources et les territoires.

Économie Mondiale et Interdépendance :
L'économie mondiale, de plus en plus interconnectée, est sujette à des défis majeurs tels que les crises financières, le protectionnisme commercial, les inégalités économiques et les flux migratoires. Les déséquilibres économiques mondiaux impactent les relations entre les États et exigent une coopération internationale pour assurer la stabilité économique mondiale.

Santé Publique et Pandémies :
Les pandémies, comme celle de la COVID-19, ont mis en lumière la fragilité des systèmes de santé mondiaux et leur interconnexion. Les maladies émergentes, la résistance aux antimicrobiens et la préparation aux pandémies sont des enjeux cruciaux qui nécessitent une collaboration internationale renforcée.

Gouvernance Mondiale et Rôle des Institutions Internationales :
La question de la gouvernance mondiale et de l'efficacité des institutions internationales est au cœur des enjeux contemporains. La nécessité de réformes pour mieux répondre aux défis mondiaux actuels, tout en assurant une représentation équitable des intérêts nationaux, est une préoccupation majeure pour la communauté internationale.

En résumé, ces enjeux contemporains majeurs en géopolitique représentent des défis complexes et interconnectés qui redéfinissent les priorités et les agendas des nations et des acteurs internationaux. La capacité à adresser ces défis déterminera largement la stabilité et la prospérité du monde dans les décennies à venir.

Défis et Conflits Actuels en Géopolitique : Dynamiques Conflictuelles et Menaces Persistantes

La géopolitique contemporaine est le théâtre de défis et de conflits persistants, aux racines complexes et souvent interconnectées. Ces tensions redéfinissent les dynamiques mondiales et représentent des défis majeurs pour la stabilité et la coopération internationale.

Conflits Régionaux et Instabilités Politiques :
Les conflits régionaux continuent de déstabiliser certaines parties du monde. Des zones comme le Moyen-Orient, l'Afrique subsaharienne, l'Asie centrale et d'autres régions sont le théâtre de luttes pour le pouvoir, de guerres civiles, de tensions ethniques et religieuses, souvent alimentées par

des rivalités historiques et des intérêts géopolitiques divergents.

Conflits Proxy et Interventions Extérieures :

Les conflits proxy, où des acteurs extérieurs soutiennent des parties prenantes locales pour servir leurs propres intérêts, sont monnaie courante. Les interventions militaires, politiques ou économiques de grandes puissances ou d'acteurs régionaux contribuent à prolonger et à compliquer ces conflits, créant des boucles d'instabilité persistante.

Tensions Géopolitiques et Rivalités Entre Grandes Puissances :

Les rivalités entre grandes puissances, en particulier entre les États-Unis, la Chine et la Russie, façonnent de nombreuses situations conflictuelles. Des tensions en mer de Chine méridionale aux différends territoriaux en Europe de l'Est, ces rivalités peuvent déstabiliser des régions entières et créer des confrontations potentiellement dangereuses.

Sécurité Cybernétique et Menaces Numériques :

Les menaces cybernétiques, telles que les cyberattaques contre les infrastructures critiques, les opérations de désinformation et le vol de données sensibles, représentent un défi majeur pour la sécurité mondiale. Les acteurs étatiques et non étatiques cherchent à exploiter les vulnérabilités numériques pour atteindre leurs objectifs géopolitiques.

Lutte Contre le Terrorisme et Extrémisme :

La menace du terrorisme et de l'extrémisme violent demeure une préoccupation mondiale. Des groupes radicaux exploitent les divisions, les ressentiments et les failles gouvernementales pour semer la terreur et déstabiliser des régions entières, posant ainsi un défi majeur pour la sécurité mondiale.

Crises Humanitaires et Migrations :

Les crises humanitaires, souvent exacerbées par les conflits et les instabilités politiques, engendrent des flux migratoires massifs. Ces mouvements de populations génèrent des tensions sociales, politiques et économiques, posant des défis majeurs pour les régions d'accueil et accentuant les divisions politiques.

Course aux Armes et Prolifération :

La course aux armements, y compris les armes nucléaires, et la prolifération des armes dans des zones de conflits aiguës représentent une menace sérieuse pour la sécurité internationale. La militarisation continue de certaines régions suscite des préoccupations quant à la stabilité et la paix mondiale.

En somme, ces défis et conflits actuels en géopolitique créent des schémas de tensions, d'instabilité et de rivalités qui façonnent profondément la scène internationale. La résolution de ces défis exige une coopération internationale accrue, des efforts diplomatiques et une vision stratégique pour préserver la paix et la sécurité mondiales.

Défis et Conflits Actuels en Géopolitique : Dynamiques Conflictuelles et Menaces Persistantes

La géopolitique contemporaine est le théâtre de défis et de conflits persistants, aux racines complexes et souvent interconnectées. Ces tensions redéfinissent les dynamiques mondiales et représentent des défis majeurs pour la stabilité et la coopération internationale.

Conflits Régionaux et Instabilités Politiques :
Les conflits régionaux continuent de déstabiliser certaines parties du monde. Des zones comme le Moyen-Orient, l'Afrique subsaharienne, l'Asie centrale et d'autres régions sont le théâtre de luttes pour le pouvoir, de guerres civiles, de tensions ethniques et religieuses, souvent alimentées par des rivalités historiques et des intérêts géopolitiques divergents.

Conflits Proxy et Interventions Extérieures :
Les conflits proxy, où des acteurs extérieurs soutiennent des parties prenantes locales pour servir leurs propres intérêts, sont monnaie courante. Les interventions militaires, politiques ou économiques de grandes puissances ou d'acteurs régionaux contribuent à prolonger et à compliquer ces conflits, créant des boucles d'instabilité persistante.

Tensions Géopolitiques et Rivalités Entre Grandes Puissances :
Les rivalités entre grandes puissances, en particulier entre les États-Unis, la Chine et la Russie, façonnent de nombreuses situations conflictuelles. Des tensions en mer de Chine méridionale aux différends territoriaux en Europe de l'Est, ces rivalités peuvent déstabiliser des régions entières et créer des confrontations potentiellement dangereuses.

Sécurité Cybernétique et Menaces Numériques :

Les menaces cybernétiques, telles que les cyberattaques contre les infrastructures critiques, les opérations de désinformation et le vol de données sensibles, représentent un défi majeur pour la sécurité mondiale. Les acteurs étatiques et non étatiques cherchent à exploiter les vulnérabilités numériques pour atteindre leurs objectifs géopolitiques.

Lutte Contre le Terrorisme et Extrémisme :

La menace du terrorisme et de l'extrémisme violent demeure une préoccupation mondiale. Des groupes radicaux exploitent les divisions, les ressentiments et les failles gouvernementales pour semer la terreur et déstabiliser des régions entières, posant ainsi un défi majeur pour la sécurité mondiale.

Crises Humanitaires et Migrations :

Les crises humanitaires, souvent exacerbées par les conflits et les instabilités politiques, engendrent des flux migratoires massifs. Ces mouvements de populations génèrent des tensions sociales, politiques et économiques, posant des défis majeurs pour les régions d'accueil et accentuant les divisions politiques.

Course aux Armes et Prolifération :

La course aux armements, y compris les armes nucléaires, et la prolifération des armes dans des zones de conflits aiguës représentent une menace sérieuse pour la sécurité internationale. La militarisation continue de certaines régions suscite des préoccupations quant à la stabilité et la paix mondiale.

En somme, ces défis et conflits actuels en géopolitique créent des schémas de tensions, d'instabilité et de rivalités qui façonnent profondément la scène internationale. La résolution de ces défis exige une coopération internationale accrue, des efforts diplomatiques et une vision stratégique pour préserver la paix et la sécurité mondiales.

Innovations Technologiques et Géopolitique : Révolution Numérique et Redéfinition des Pouvoirs

Les avancées technologiques ont toujours été des facteurs clés dans l'évolution des dynamiques géopolitiques mondiales. Toutefois, l'émergence rapide de nouvelles technologies au cours des dernières décennies a catalysé une transformation profonde, redessinant les équilibres de pouvoir et les stratégies géopolitiques à l'échelle mondiale.

Révolution Numérique et Puissance Informationnelle :

La révolution numérique a ouvert une ère où l'information est devenue une monnaie d'échange. Les technologies de l'information et de la communication (TIC), telles que l'Internet, les réseaux sociaux, le Big Data et l'intelligence artificielle, ont bouleversé les paradigmes traditionnels de la puissance en permettant l'accès à l'information à grande échelle.

Cyberpuissance et Cybersécurité :

La capacité à contrôler et à manipuler l'information et les réseaux est devenue une composante essentielle de la puissance mondiale. Les cyberattaques, les opérations de piratage informatique et la guerre de l'information sont devenues des outils géopolitiques, remettant en question la sécurité numérique des nations et des acteurs internationaux.

Intelligence Artificielle et Autonomie Technologique :

L'intelligence artificielle (IA) est devenue un enjeu majeur dans la course à l'innovation et à la suprématie technologique. Les pays cherchent à développer des capacités d'IA avancées pour dominer divers secteurs, tels que la défense, la santé, l'économie et la recherche scientifique, afin de garantir une autonomie technologique.

Espaces Stratégiques : Cyberespace, Espace et Mer :

Le cyberespace, l'espace extra-atmosphérique et les voies maritimes stratégiques sont devenus des terrains de rivalités géopolitiques. Les nations rivalisent pour le contrôle et l'accès à ces espaces, cherchant à préserver leurs intérêts économiques, sécuritaires et stratégiques.

Économie Numérique et Blockchain :

La montée de l'économie numérique et des technologies de la blockchain offre des opportunités de perturbation économique et financière. Les cryptomonnaies et les applications de la blockchain pourraient potentiellement redéfinir les structures financières mondiales, suscitant des débats sur la régulation et l'équilibre du pouvoir économique.

Impacts Sociaux et Éthiques :

Les implications sociales, éthiques et politiques des innovations technologiques soulèvent des questions cruciales. Des débats sur la vie privée, la surveillance, la manipulation de l'opinion publique, l'éthique des données et la responsabilité des acteurs numériques se posent au niveau national et international.

Coopération et Compétition Technologique :
La compétition pour le leadership technologique entre les nations est intense. Si certaines technologies peuvent favoriser la coopération mondiale, d'autres peuvent aggraver les divisions géopolitiques, créant des clivages entre les pays avancés et ceux en voie de développement.

En conclusion, les innovations technologiques sont devenues des forces motrices de la géopolitique contemporaine, redéfinissant les concepts traditionnels de puissance et de sécurité. L'impact des avancées technologiques sur la gouvernance mondiale, l'économie, la sécurité et la société appelle à une réflexion stratégique approfondie pour naviguer dans ce nouvel environnement géopolitique.

Évolutions à Venir en Géopolitique : Tendances et Perspectives Futures

La scène géopolitique mondiale est en constante évolution, façonnée par des forces changeantes et des tendances émergentes qui redéfinissent les dynamiques de pouvoir et les relations internationales. Anticiper les évolutions futures est crucial pour comprendre les enjeux à venir et les défis qui façonneront le monde de demain.

Nouvelles Puissances Émergentes :
L'émergence de nouvelles puissances économiques et technologiques, notamment la Chine, l'Inde et d'autres

économies émergentes, transformera l'équilibre des pouvoirs mondiaux. Ces nations devraient jouer un rôle de plus en plus influent dans la définition des agendas politiques et économiques mondiaux.

Multipolarité Renforcée :

La tendance vers une multipolarité plus prononcée continuera, avec une diversification des centres de pouvoir à l'échelle mondiale. Ce phénomène pourrait entraîner des redéfinitions des alliances, des coalitions et des partenariats stratégiques, modifiant ainsi les équilibres géopolitiques traditionnels.

Géopolitique de l'Environnement :

Les enjeux environnementaux, tels que les changements climatiques, la rareté des ressources naturelles et la gestion durable des écosystèmes, deviendront des préoccupations majeures de la géopolitique. Les rivalités pour l'accès aux ressources et les conséquences géopolitiques des catastrophes environnementales seront des défis cruciaux à anticiper.

Révolution Technologique Continue :

La révolution technologique, avec l'avancée de l'intelligence artificielle, de la biotechnologie, de la robotique et d'autres domaines innovants, redéfinira les paradigmes économiques, militaires et sociaux. Les implications géopolitiques de ces avancées nécessiteront une adaptation stratégique pour préserver les intérêts nationaux et mondiaux.

Géopolitique de l'Espace et du Cyberespace :
L'espace extra-atmosphérique et le cyberespace deviendront des domaines géopolitiques cruciaux. Les rivalités pour le contrôle des satellites, les missions spatiales et la sécurité dans le cyberespace seront des enjeux de plus en plus stratégiques, appelant à de nouvelles régulations et coopérations internationales.

Nouveaux Modèles de Gouvernance Mondiale :
La nécessité d'une gouvernance mondiale efficace pour répondre aux défis transnationaux, tels que les pandémies, les migrations, les crises humanitaires et les menaces technologiques, amènera probablement à de nouveaux modèles de coopération internationale et à des réformes institutionnelles.

Évolutions Sociales et Démographiques :
Les évolutions démographiques, notamment l'urbanisation croissante, les migrations et les changements sociaux, auront des répercussions géopolitiques. Les transformations dans les structures familiales, les modes de travail et la distribution des populations influenceront les dynamiques économiques et politiques mondiales.

En résumé, les évolutions à venir en géopolitique ouvrent la voie à un paysage mondial en mutation, caractérisé par des changements rapides et complexes. L'adaptation aux défis émergents nécessitera une vision stratégique et une coopération internationale renforcée pour façonner un avenir plus stable et prospère pour l'ensemble de la communauté mondiale.

Récapitulation des Principaux Thèmes et Événements en Géopolitique : Une Vision d'Ensemble

La géopolitique, telle une toile complexe, embrasse une myriade de thèmes et d'événements qui ont façonné et continuent de façonner les relations internationales. De la structure des pouvoirs mondiaux aux défis contemporains en passant par les évolutions futures, plusieurs thèmes majeurs émergent dans la compréhension de cette discipline dynamique.

Généralités et Concepts Fondamentaux :

La géopolitique, en tant qu'étude des rapports de force entre les nations, repose sur des concepts fondamentaux tels que la puissance, la sécurité, les intérêts nationaux, les alliances et les stratégies diplomatiques. Ces concepts servent de socle à l'analyse des interactions complexes entre les acteurs mondiaux.

Contexte Historique :

La géopolitique tire ses racines d'événements historiques majeurs, comme les guerres mondiales, la Guerre froide, les traités de paix et les mouvements de décolonisation. Ces événements ont largement influencé la configuration actuelle du monde et ont établi des dynamiques géopolitiques durables.

Post-Seconde Guerre Mondiale et Émergence de la Bipolarité :

La période post-Seconde Guerre mondiale a été marquée par l'émergence de la bipolarité, avec les États-Unis et l'Union soviétique comme superpuissances dominantes.

Cette période a été le théâtre de rivalités idéologiques, de course aux armements et de conflits indirects.

Guerre Froide et Équilibre de la Terreur :
La Guerre froide a défini une ère de tensions intenses, où le monde était scindé entre le bloc occidental et le bloc communiste. L'équilibre de la terreur nucléaire a maintenu une paix précaire tout en alimentant des conflits périphériques et des courses aux armements.

Transition Post-Guerre Froide :
La fin de la Guerre froide a ouvert une ère de transition géopolitique marquée par l'effondrement de l'Union soviétique, l'émergence de nouveaux acteurs mondiaux et la quête de stabilité dans un monde multipolaire.

Défis Actuels et Conflits Persistants :
Les défis contemporains en géopolitique incluent les tensions régionales, le terrorisme, les cybermenaces, les crises migratoires, la prolifération des armes, les enjeux environnementaux et la gouvernance mondiale. Ces défis ont des répercussions majeures sur la sécurité mondiale et les relations internationales.

Innovations Technologiques et Perspectives Futures :
Les avancées technologiques, telles que l'intelligence artificielle, la cybersécurité, l'espace et la biotechnologie, promettent de redéfinir les équilibres de pouvoir et d'influencer la géopolitique future. Les évolutions à venir incluent l'émergence de nouvelles puissances, la géopolitique de l'environnement et les défis de la gouvernance mondiale.

En synthèse, la géopolitique est un vaste domaine d'étude qui englobe des thèmes multiples et des événements clés qui ont modelé l'histoire et continuent d'influencer le monde contemporain. Comprendre ces éléments est essentiel pour saisir les dynamiques complexes qui régissent les relations internationales et anticiper les défis et opportunités à venir dans le paysage mondial.

Réflexions sur l'Importance de Comprendre la Géopolitique pour l'Avenir et les Décisions Politiques : Un Guide Stratégique

La géopolitique est bien plus qu'une simple analyse des rapports de force entre les nations. C'est une discipline fondamentale qui offre une perspective cruciale pour appréhender les dynamiques complexes qui façonnent le monde moderne. Comprendre la géopolitique est non seulement essentiel pour saisir les défis actuels, mais aussi pour guider les décisions politiques et stratégiques vers un avenir plus stable et prospère.

Vision Stratégique et Anticipation :
La géopolitique permet d'élaborer une vision stratégique en évaluant les facteurs historiques, économiques, culturels et géographiques qui influencent les relations internationales. En comprenant les tendances géopolitiques, les dirigeants peuvent anticiper les évolutions futures et prendre des décisions éclairées pour prévenir les crises potentielles.

Contextualisation des Relations Internationales :
Comprendre la géopolitique permet de contextualiser les relations entre les nations. Cela va au-delà des simples

interactions diplomatiques et offre une compréhension approfondie des intérêts nationaux, des alliances régionales, des rivalités historiques et des dynamiques de pouvoir qui influencent les décisions politiques et les actions des acteurs internationaux.

Gestion des Risques et des Crises :

La géopolitique fournit un cadre analytique pour évaluer les risques et gérer les crises. En identifiant les points de tension potentiels, qu'ils soient géographiques, économiques, technologiques ou culturels, les décideurs peuvent prendre des mesures préventives pour atténuer les conflits éventuels et minimiser les effets de crises inattendues.

Prise de Décisions Éclairées :

Les décisions politiques efficaces reposent sur une compréhension approfondie des enjeux internationaux. En intégrant les perspectives géopolitiques dans les politiques nationales et internationales, les gouvernements peuvent formuler des stratégies qui tiennent compte des intérêts nationaux tout en favorisant la stabilité et la coopération mondiale.

Économie et Sécurité Mondiales :

La géopolitique est intrinsèquement liée aux questions économiques et sécuritaires mondiales. Comprendre les interdépendances économiques entre les nations, ainsi que les enjeux de sécurité transnationaux, est crucial pour promouvoir la prospérité économique et assurer la sécurité des populations à l'échelle globale.

Anticipation des Changements Structurels :

Les évolutions géopolitiques, qu'elles soient liées aux avancées technologiques, aux changements démographiques ou aux bouleversements environnementaux, façonnent le monde de demain. Une compréhension claire de ces changements permet de mieux préparer les sociétés et les gouvernements à s'adapter et à prospérer dans un monde en mutation.

Coopération et Diplomatie :

La géopolitique souligne l'importance de la coopération et de la diplomatie dans la résolution des conflits et la promotion de la paix mondiale. En comprenant les intérêts et les préoccupations des différentes nations, les initiatives diplomatiques peuvent être mieux ciblées pour favoriser le dialogue et la résolution pacifique des différends.

En somme, la géopolitique offre une perspective essentielle pour appréhender les relations internationales et pour guider les décisions politiques vers un avenir plus harmonieux et sécurisé. C'est un outil puissant qui permet de naviguer dans un monde complexe, en tenant compte des intérêts nationaux tout en favorisant la coopération et la stabilité globale.

Conclusion : La Géopolitique, Clef de Lecture du Monde Moderne

La géopolitique, telle une boussole dans le monde complexe des relations internationales, est bien plus qu'une simple analyse des rapports de force entre les nations. C'est une discipline fondamentale qui éclaire notre compréhension des dynamiques mondiales, des enjeux stratégiques et des évolutions à venir. Au fil de son histoire, la géopolitique a joué un rôle crucial dans la prise de décisions politiques, la gestion des crises et la préparation à l'avenir.

Adaptation aux Évolutions Historiques :

Depuis ses origines, la géopolitique s'est adaptée aux changements historiques majeurs. Des guerres mondiales à la Guerre froide, en passant par la transition vers un monde multipolaire, elle a su décrypter les enjeux des époques successives et anticiper les défis à venir.

Compréhension des Relations Internationales :

Comprendre la géopolitique est indispensable pour saisir les subtilités des relations internationales. Elle permet de contextualiser les interactions entre les nations, de décoder les motivations derrière les actions diplomatiques et de reconnaître les alliances et les rivalités qui sous-tendent les relations mondiales.

Guide Stratégique pour les Décideurs :

Pour les dirigeants politiques et les décideurs, la géopolitique est un guide stratégique essentiel. Elle leur offre une perspective holistique pour élaborer des politiques nationales et internationales adaptées aux équilibres de pouvoir, aux risques potentiels et aux opportunités émergentes.

Prédiction et Prévention des Crises :

Anticiper les crises et gérer les risques sont des aspects cruciaux de la géopolitique. Elle permet d'identifier les foyers de tension potentiels, de prédire les évolutions futures et de prendre des mesures proactives pour prévenir les conflits et minimiser les impacts des crises.

Éclairage sur les Transformations Futures :

Les avancées technologiques, les changements environnementaux, les bouleversements démographiques et économiques redessinent constamment la carte géopolitique. Comprendre ces transformations permet de s'adapter et de prospérer dans un monde en mutation constante.

Coopération et Diplomatie :

Au cœur de la géopolitique réside la nécessité de coopération et de diplomatie pour résoudre les conflits et promouvoir la paix. Elle encourage le dialogue, la négociation et la recherche de solutions mutuellement bénéfiques pour favoriser la stabilité et la sécurité mondiales.

Vision d'Avenir et Responsabilité Collective :

Enfin, la géopolitique offre une vision prospective. Elle incite à penser l'avenir, à envisager des scénarios possibles et à œuvrer collectivement pour façonner un monde plus juste, pacifique et prospère pour les générations futures.

En conclusion, la géopolitique demeure un outil précieux pour décrypter les mécanismes complexes qui façonnent le monde. Elle offre des perspectives stratégiques pour les dirigeants, éclaire les décisions politiques et guide la coopération mondiale vers un avenir plus prometteur. Comprendre la géopolitique, c'est comprendre les défis et les opportunités de notre monde en perpétuelle évolution.